tredition®
www.tredition.de

Die Autorin

Sissy Vogelsinger wurde in Wien geboren. Mit Hilfe ihres Mannes und ihrer beiden Töchter absolvierte sie in Feldkirch ein Pädagogikstudium. Kurze Zeit später übersiedelte die ganze Familie für einige Jahre nach Südafrika. Die Zeit in Kapstadt war für alle ein prägendes und unvergessliches Erlebnis. Seit ihrer Rückkehr lebt Sissy Vogelsinger mit ihrem Mann in Niederösterreich. Neben ihrem Job studierte sie als Hobby Ur- und Frühgeschichte und schloss das Studium mit dem Magister ab. Sissy Vogelsinger sammelt seit sie 26 Jahre alt war Turnübungen, wie andere Leute Kochrezepte. Damals erfuhr sie von einem Arzt, dass ihre Wirbelsäule so kaputt sei, dass sie im Rollstuhl enden werde. Dies konnte sie durch häufiges TURNEN schon einige Jahrzehnte verhindern. Da sie weiß, wie wichtig turnen ist, entstand dieses Buch.

Die Illustratorin

Astrid Gruber, geboren 1968 in Tirol, lebt in ihrem Atelier in Wien als freischaffenden Künstlerin und studierte Comic und Karikatur. Außerdem arbeitet sie als Buchillustratorin und Autorin. Ihre Aktivität umfasst internationale Projekte und Ausstellungen von Österreich, Deutschland, Spanien bis Java.

Danksagung:

Besonders bedanken möchte ich mich bei meiner Tochter Astrid Gruber, die meinen Knurri-Murri zu bunten Leben erweckt hat. Das Arbeiten mit ihr hat riesigen Spaß gemacht. Mein Mann Bernhard war ein geduldiges Versuchskaninchen. Er führte ohne „Knurren" alle Übungen probeweise in vielfacher Ausführung durch. Weiters möchte ich mich bei meiner Tochter Ursula Haury und bei meiner Freundin Christa Eder für viele gute Tipps bedanken.

Sissy Vogelsinger, Astrid Gruber

Turnen mit Knurri - Murri

www.tredition.de

Verlag und Druck:
tredition GmbH, Halenreie 40-44, 22359 Hamburg

ISBN
Paperback: 978-3-347-30699-8
Hardcover: 978-3-347-30700-1
e-Book: 978-3-347-30701-8

EINS, ZWEI, DREI…

TURNEN IST KEINE HEXEREI

Es ist sehr gut mit einem Partner zu turnen.

Der kritischste Partner ist ein Spiegel,

Es ist interessant, die Körperhaltung in einem

großen Spiegel zu beobachten.

Selbstverständlich kann auch unser Partner,

ein/e Freund/in den Spiegel ersetzen.

LACHE,

UND DEIN

TURNPARTNER

LÄCHELT

HOFFENTLICH

ZURÜCK!!

Munzi - Murri

Knurri - Murri

SCHWEINEHUND und SCHWEINEKATZE

Wir wissen,

TURNEN IST GESUND!

Wir würden ja sicher auch täglich turnen,

wäre da nicht der innere Schweinehund.

Es ist klar,

sie sind schuld, dass wir nicht turnen!

Mein Schweinehund heißt KNURRI MURRI.

Vielleicht haben Katzennarren ja eine Schweinekatze.

Das ist dann eine MAUNZI MURRI.

GRUNDSTELLUNG

Es ist sehr wichtig, sich zum Turnen richtig hinzustellen.

SCHULTERBREITER STAND.

Das heißt aber nicht, dass du auf den Schultern deines Partners stehen sollst.

Es bedeutet,

dass eine Kaffeeuntertasse zwischen deinen Füßen Platz hat. Beim

DOPPELT SCHULTERBREITENSTAND

passt ein Fleischteller zwischen deine Füße.

ATMEN

Jetzt TIEF EINATMEN

Bitte nicht ersticken!

Oft ist es besser zuerst einmal

FEST AUSZUATMEN!

Wenn du kräftig ausatmest, kommt die Luft

fast von alleine wieder in die Lunge zurück.

Denn die Lunge ist wie ein Schwamm

und saugt sich gerne mit Luft voll.

Beim Ausatmen den Unterkiefer locker lassen.

Der Mund ist offen.

Du schiebst den Unterkiefer nach rechts oder
links.

(Schaut ein bisschen doof aus – ist es aber nicht!)

Deine Schultern und die Arme

hängen ebenfalls locker herunter.

SCHAMBEIN HOCH

Wie das schon klingt!

Wo ist denn dieses Schambein?

Na, zwischen unseren Beinen.

Du stellst dich in den schulterbreiten Stand

und ziehst dein Schambein hoch.

Achtung die Schultern bleiben locker.

Dann atmest du tief aus und ein.

Du kannst bei vielen Übungen das Schambein
hochziehen.

Einatmen   -   Schambein hochziehen

Ausatmen   -   Schambein senken

WIE OFT WIEDERHOLE ICH MEIN ÜBUNG?

3x Eilige, die wenig Zeit haben

6x Fortgeschittene

9x Eifrige, denen Turnen richtig Spaß macht

DAS KREUZ

„Mit dem Kreuz ist´s so ein Kreuz, weil´s einem
oft weh tut!“

Um die Schmerzen zu lindern, wird's nun ernst
mit dem Turnen.

Nun bildest du mit deinem Körper ein Kreuz.

Schulterbreiten Stand, Schambein hoch.

Die Arme streckst du so weit als möglich nach
rechts und links.

Die Handflächen blicken zur Decke.

Du drehst den Kopf soweit es geht,

langsam nach rechts und dann nach links.

Die Arme bleiben gestreckt,

und du drehst die Handflächen Richtung Boden.

DIE GLOCKE

(Gleichgewichtsübung)

Grundstellung, Arme locker hängen lassen.

Fest auf dem linken Bein stehen.

Das rechte Bein vor und zurück schwingen.

Bevor du umfällst lieber mit der rechten Zehen-
spitze den Boden berühren.

Das Ziel wäre es, das Bein so hoch zu schwingen
wie eine Cancan Tänzerin!

Vielleicht ist das nur Wunschdenken, aber Übung
macht den Meister und Morgen geht's dann
schon einen Millimeter höher.

Anschließend stehst du fest auf dem rechten
Bein und schwingst das linke Bein vor und zurück.

DIE EISENBAHN

Vielleicht kennst du diese Übung schon aus dem Kindergarten! Maunzi Murri und Knurri MurrI können das schon sehr gut…SCH…SCH…SCH…Du machst es ihnen nach!

Grundstellung, Arme anwinkeln und im Kreis nach vorne bewegen. Gleichzeitig mit den Beinen auf- und ab stampfen.

Dann kommt der Rückwärtsgang. Arme in der Gegenrichtung kreisförmig nach hinten bewegen.

Gleichzeitig weiter auf- und ab stampfen, immer schneller, immer schneller bis die Puste ausgeht.

BETEN

Grundstellung, Oh Schreck, stell dir vor deine
Füße, Beine und Hüfte sind einbetoniert.

Du faltest deine Hände, Hilfe suchend drehst du
dich erst nach rechts und dann nach links.

Nach einigen Drehungen bröckelt der Beton von
den Hüften, doch nun ist der Oberkörper und
Hals eingegipst.

Aber du kannst die Hüften nach rechts und nach
links drehen. Das lockert.

WIPPE

Grundstellung, während du mit dem rechten
Bein in die Hocke

gehst schiebst du das gestreckte linke Bein, soweit bis es leicht zieht, nach links.

Dabei soll der Oberkörper möglichst gerade sein.

Die Hände kannst du am rechten Oberschenkel
abstützen.

Dann wippst du zur linken Seite, bis das rechte
Bein gestreckt ist.

HIN – HER

…das dehnt die inneren Beinmuskeln….

EIN BRETT VOR DER STIRN

Diese Übung hilft etwas bei einem steifen Nacken.

Hände verschränken und fest gegen die Stirn drücken.

Bis 10 zählen.

Du kannst zur Erheiterung die Zahlen auch singen.

Anschließend die verschränkter Hände gegen den Hinterkopf drücken und wieder bis 10 singen.

ZEIG MIR DEN AFFEN

Grundstellung, schau in die Ferne und dann auf deine Nasenspitze.

Roll die Augen im Kreis nach rechts und nach links.

Mit den Händen kratze dich unter den Achseln,

dazu spring auf und ab.

Wenn du Lust hast, kannst du noch Urlaute von dir geben.

Das befreit!

…Uuaa….uuaa

Der RECHTE WINKEL

Grundstellung, streck den rechten Arm, soweit es geht, nach rechts.

Der linke Arm zeigt nach vorne.

Das ergibt einen RECHTEN WINKEL.

Nun beweg den linken Arm zum rechten Arm und wieder zurück. Blick nach vorne.

Anschließend die Übung seitenverkehrt nach links. Keine Ahnung warum es jetzt nicht LIN-KER WINKEL heißt.

Zur Abwechslung kannst du den Kopf mit dem Arm mitdrehen.

DER SCHISPRINGER

Du gehst ganz tief, (so tief es eben geht) in die
Hocke.

Die Arme ganz weit nach hinten strecken, wie
ein Schispringer.

Den Oberkörper beugen und den Kopf heben
und

soweit es geht nach vorne drücken.

Hui…und nun in Gedanken die Schanze hinun-
terfahren!

Die Finger bewegen sich im schnellen Fahrtwind!

DER AUTORENNFAHRER

Du gehst wieder in die Hocke. .

Doch bei dieser Übung lehnst du

deinen Oberkörper möglichst weit zurück.

Die Arme so vorne halten,

als würdest du mit den Händen

ein unsichtbares Lenkrad umfassen.

Auf geht die Fahrt

Für mindestens 30 Sekunden!

DIE PENDELUHR

Grundstellung, Arme locker hängen lassen.

Du stehst fest auf dem linken Bein,

und schwingst das rechte Bein vor

deinem Körper nach links und nach rechts.

Anschließend stehst du fest auf dem rechten
Bein,

und schwingst das linke Bein hin und her,

wie das Pendel einer Pendeluhr.

DER BAUCHTANZ

Wir brauchen keinen Schleier, Maunzi Murri!

Los geht´s!

Grundstellung, Arme locker hängen lassen.

Nun schiebst du das Becken, so weit wie es geht,
nach rechts und wieder zurück zur Mitte.

Anschließend schiebst du das Becken, so weit
wie es geht, nach links und wieder zurück zur
Mitte.

Nach 3 Wiederholungen mit dem Beckenkreisen
beginnen.

Du beginnst mit ganz kleinen Kreisen, die immer
größer werden, erst nach rechts und dann nach
links.

DIE SITZÜBUNG

Du gehst in die Hocke,

als würdest du dich auf einen Sessel setzen.

Oberkörper und Kopf gerade halten.

Falls das anfangs zu schwierig ist,

kannst du deinen Oberkörper

an eine Mauer oder einen Türstock lehnen.

Je tiefer du in die Hocke gehst,

desto schwieriger wird die Übung.

Vorsicht, dass du nicht auf den Hintern plumpst!

30, 29, 28…..0

Grundstellung.

Nun gehst du etwas in die Hocke.

Dann stellst du ein Bein gerade auf die Ferse vor dich. Dieses Bein ist gestreckt und du umfasse den Fuß (wenn das nicht geht, den Knöchel oder das Wadel) mit beiden Händen.

Du zählst von 30 bis Null, gut für die Konzentration, dabei dehnst du Sehnen und Muskel.

Dann trainierst du das andere Bein. Es ist egal mit welchem Bein du beginnst.

FLATTERVERSUCHE

Grundstellung, die Arme zur Seite ausstrecken.

Die Handflächen blicken zur Zimmerdecke.

Nun die Unterarme zu den Schultern kippen.

3 – 9 x strecken und kippen.

Anschließend die Schultern mit den Händen umfassen,

Finger vorne, Daumen hinten.

Versuche mit deinen Flügeln zu fliegen!

Klappt das noch nicht, dann versuche mit schö-
nen Kreisbewegungen in beide Richtungen, deine
Flügerl in Schwung zu bringen.

Guten Flug!

Zeitfracht Medien GmbH
Ferdinand-Jühlke-Straße 7
99095 Erfurt, Deutschland
produktsicherheit@kolibri360.de